Presentado a:

_____

Por:

_____

Fecha:

_____

La
ORACIÓN
de JABES

Cómo entrar a una vida de bendición

BRUCE
WILKINSON

EDITORIAL UNILIT

Publicado por
Editorial Unilit
Miami, Fl. 33172
Derechos reservados

© 2001 Editorial Unilit (Spanish translation)
Primera edición 2001

© 2000 por Bruce Wilkinson
Originalmente publicado en inglés con el título: The Prayer of Jabez
por Multnomah Publishers, Inc.,
204 W. Adams Avenue,
P.O. Box 1720 – Sisters, Oregon 97759 USA

Todos los derechos de publicación con excepción del idioma inglés
son contratados exclusivamente por Gospel Literature International,
P. O. Box 4060, Ontario, CA 91761, USA.
(All non-English rights are contracted through: Gospel Literature
International.)

Diseño de la cubierta: David Carlson Design
Fotografía de la cubierta: Tatsuhiko Shimada/Photonika

Traducido al español por: Pablo Barreto, M.D.
Citas bíblicas tomadas de la "Biblia de las Américas", ©1986 The Lockman
Foundation y "La Biblia al Día", ©1979 International Bible Society. Usadas
con permiso.

Producto 495196
ISBN 0-7899-0948-0
Impreso en Colombia
Printed in Colombia

CONTENIDO

A todos aquellos que —como los cristianos en el libro de los Hechos— miran lo que son ahora y lo que nunca serán, así como lo que pueden hacer ahora y que jamás podrán hacer ... y siguen rogando a Dios por el mundo.

Sin la amistad, la dedicación y la habilidad de los correctores de texto David Kopp y Larry Libby, ni los estímulos del editor John Van Diest, el mensaje de este libro jamás se habría podido imprimir. Estoy muy agradecido porque el Señor nos unió para formar un equipo.

PREFACIO

Querido lector:

Quisiera enseñarle cómo hacer una oración audaz que Dios siempre responde. Es breve —solo una frase con cuatro partes— y aunque está escondida en la Biblia, creo que contiene la clave para una vida de extraordinario favor con Dios.

Esta oración ha cambiado en forma radical lo que espero de Dios y lo que experimento cada día por su poder. En efecto, miles de creyentes que aplican sus verdades, ven cómo suceden milagros con regularidad.

¿Quiere usted unírseme para hacer una exploración personal de Jabes?

¡Espero que lo hará!

Bruce H. Wilkinson

1

ORACIÓN PEQUEÑA, RECOMPENSA GRANDE

El pedido de Jabes al Dios de Israel.

Este pequeño libro trata acerca de lo que sucede cuando los cristianos comunes y corrientes deciden tener una vida extraordinaria; la cual es, con toda exactitud, la clase de vida que Dios promete.

Mi propia historia se inicia en una cocina con mostradores amarillos y enormes gotas de lluvia que golpeaban sobre los vidrios de las ventanas. Era mi último año de seminario en Dallas. Darlene, mi esposa, y yo nos dimos cuenta de que pasábamos mucho tiempo orando y pensando en lo que estaba por venir. ¿En qué enfocaría mi energía, pasión y entrenamiento? ¿Qué quería Dios hacer por nosotros como pareja? En nuestra cocina, muchas veces pensé en el reto que escuché del doctor Richard Seume, capellán del seminario. "¿Quieres una visión mayor para tu vida?", preguntó al iniciar la semana. "Decídete a ser una persona detallista para Dios".

Una persona detallista, según explicó el doctor Seume, es alguien que siempre hace un poco más de lo que se le pide o de lo que se espera de él. Por ejemplo, en el negocio de muebles, el detallista da los toques finales a la mercancía, pues con toda paciencia y buen gusto aplica los adornos adicionales que son un sello de calidad y valor.

El doctor Seume utilizó como texto para su desafío la más breve de las biografías que aparecen en la Biblia. "Y Jabes fue más ilustre que sus hermanos..." (1 Crónicas 4:9). Jabes quiso hacer más y más para Dios, y —como descubrimos al final del versículo 10— Dios le concedió su petición.

¿Qué frase ha revolucionado mi vida al máximo? El clamor de un hombre detallista llamado Jabes.

Allí termina el versículo. Ese es el final del relato bíblico.

Señor, creo que quiero ser detallista para ti, oré mientras miraba por la ventana la ruidosa lluvia de primavera. Pero estaba confundido. *¿Qué hizo exactamente Jabes para sobresalir? ¿Por qué contestó Dios su oración?,* me preguntaba. Y en cuanto a ello, ¿por qué Dios permitió que se incluyera la breve reseña de Jabes en la Biblia?

Quizá eran las gotas de lluvia que resbalaban por la ventana. De repente mis pensamientos se deslizaron más allá del versículo 9.

Tomé la Biblia y leí el versículo 10, la oración de Jabes. Algo en esta súplica explicaría el misterio. Tenía que ser. Alcancé una silla hasta el mostrador amarillo, me incliné sobre la Biblia y leí esa oración una y otra vez. Indagué y escudriñé con todo mi corazón por el futuro que Dios tenía para alguien tan común como yo.

La mañana siguiente hice la oración de Jabes, palabra por palabra.

Y la próxima.

Y la siguiente.

Después de treinta años, no me he detenido.

Si usted me pregunta qué palabras —aparte de la oración de salvación— han revolucionado mi vida y mi ministerio al máximo, le diría el clamor de ese "detallista" que se llamaba Jabes y a quien todavía se le recuerda, no por lo que hizo, sino por lo que oró, y por lo que aconteció luego.

En las páginas de este libro, quiero presentarle las sorprendentes verdades que se encuentran en la oración de Jabes, para bendecirlo y prepararlo a fin de que espere las maravillosas respuestas, como *una parte regular de la experiencia de su vida*.

¿Cómo sé que le producirá un impacto significativo? Por experiencia propia y por el testimonio de centenares de cristianos alrededor del mundo con quienes he compartido estos principios. Pero, algo mucho más importante, porque la oración de Jabes destila la voluntad poderosa de Dios para su futuro. Por último, porque revela que nuestro Padre anhela darle mucho más de lo que usted nunca pensó pedir.

Simplemente, pregúntele al hombre que no tenía futuro.

EL PRODIGIO DE LA GENEALOGÍA

Alguien dijo una vez que en realidad hay muy poca diferencia entre las personas, pero que esa pequeña discrepancia hace una gran diferencia. En el Antiguo Testamento, Jabes no se levanta como un Moisés o un David, ni tampoco ilumina el libro de los Hechos de los Apóstoles como aquellos cristianos primitivos que trastornaron al mundo entero. Pero una cosa sí es segura: La pequeña diferencia en su vida hizo toda la diferencia.

Algo acerca de este hombre hizo al historiador hacer una pausa, aclarar su garganta y cambiar sus tácticas.

Usted podría pensar en él como el prodigio de la genealogía o el pequeño gran hombre de la

Biblia. Y lo hallará oculto en la sección menos leída de uno de los libros menos leídos de la Biblia.

Los primeros nueve capítulos de 1 Crónicas se refieren al árbol genealógico oficial de las tribus hebreas, comenzando con Adán a través de miles de años hasta el regreso de Israel de la cautividad. ¡Habla hasta el aburrimiento! La extensa lista de nombres tan poco familiares y difíciles —más de quinientos— con certeza hace retroceder aun a los más valientes y aguerridos estudiantes de la Biblia.

Tomemos el capítulo 4. *Los descendientes de Judá: Pérez, Hazrón, Carmi, Hur y Sobal...* Y eso es apenas el principio.

Ahumai

Isma

Idbas

Haze-lelponi

Anub

Lo perdono si de repente decide dejar este libro y echa mano al control de su televisor. Pero, quédese conmigo. Porque luego de cuarenta y cuatro nombres en el capítulo, irrumpe de pronto un relato:

"Y Jabes fue más ilustre que sus hermanos, y su madre lo llamó Jabes, diciendo: Porque lo di a luz con dolor. Jabes invocó al Dios de Israel, diciendo: ¡Oh, si en verdad me bendijeras, ensancharas mi territorio, y tu mano estuviera conmigo y me guardaras del mal para que no me causara dolor! Y Dios le concedió lo que pidió" (1 Crónicas 4:9-10).

En el versículo siguiente la lista continúa con otros miembros de la tribu de Judá, como si nada hubiese sucedido: Quelub, Súa, Mehir...

Pero hubo algo acerca de este hombre Jabes que obligó al historiador a hacer una pausa, aclarar su garganta y a cambiar sus tácticas. "¡Ah, espere un instante!", parece que dijera. "Precisamente tiene que saber algo acerca de este hombre que se llama Jabes. ¡Sobresale por encima de todos los demás!"

Justo bajo la superficie de cada petición se esconde un gran principio capaz de romper los paradigmas establecidos.

¿Cuál fue el secreto para la fama tan duradera de Jabes? Puede escudriñar la Biblia de comienzo a fin, como lo hice, y no va a encontrar ninguna información más, aparte de la que tenemos en estos dos breves versículos:

- Las cosas comenzaron muy mal para una persona de la que nadie había oído antes.
- Pronunció una oración muy poco común, de cuatro pequeñas frases.
- Todo terminó extraordinariamente bien.

14

Con toda claridad el resultado se puede rastrear desde su oración. Algo acerca de la petición de Jabes a Dios, directa y sencilla, cambió su vida y dejó una marca permanente en los libros de la historia de Israel:

> Bendíceme y ensancha mi territorio;
> ayúdame y líbrame del mal,
> para que no padezca aflicción.

A primera vista, las cuatro peticiones pueden parecernos sinceras, sensibles y hasta nobles, aunque no son muy sobresalientes. Pero justo debajo de cada una yace un gran principio capaz de romper los paradigmas, que se opone de modo exacto a la forma en que usted y yo pensamos casi siempre. En las próximas páginas, quiero demostrar cuán dramáticamente cada una de las peticiones de Jabes puede producir algo en verdad milagroso en su vida.

VIVA MÁS ALLÁ DE LOS LÍMITES

¿Cuándo fue la última vez que Dios obró a través de usted, en tal forma que supo, sin duda alguna, que fue Él quien lo hizo? En efecto, ¿cuándo fue la última vez que vio suceder milagros en forma regular en su vida? Si usted es como casi todos los creyentes que conozco, no sabría cómo pedir para tener esa clase de experiencia, incluso si debería hacerlo.

Lo que tengo que decirle ha preparado vidas para la obra poderosa de Dios durante muchos años. Hace poco, fui a Dallas a enseñar sobre la bendición de Jabes a una audiencia de nueve mil personas. Después de almorzar, un hombre me dijo :—Bruce, le oí predicar el mensaje de Jabes hace quince años y desde entonces no he dejado de hacer esa oración. El cambio fue tan radical que simplemente nunca he podido dejar de decirla.

Otro amigo, sentado al otro lado de la mesa, se mostró de acuerdo. Él dijo que ha estado orando la pequeña oración de Jabes por diez años con resultados semejantes. El hombre que estaba a su lado, un cardiocirujano, de Indianápolis, mencionó que desde hacía cinco años la estaba repitiendo.

¿Cuándo fue la última vez que Dios obró a través de usted en tal forma que supo, sin duda alguna, que fue Él quien lo hizo?

Así que les dije: —¡Amigos, he hecho la oración de Jabes *más de la mitad de mi vida!*

Creo que usted lee este libro porque comparte mi deseo de tener una vida que "honre más" a Dios. No es que usted quiera que los demás alcancen menos; pero solo quedará satisfecho si recibe la más completa bendición de Dios. Cuando esté ante

Él para rendir cuentas, su anhelo más profundo será oír: "¡Bien hecho!"

Amigo, en verdad, Dios tiene bendiciones que usted no ha reclamado que esperan por usted. Sé que parece imposible, y quizás vergonzosamente sospechoso en nuestra cultura de autocomplacencia. Pero ese mismo cambio —su deseo por la plenitud de Dios— es la voluntad amorosa del Señor que él siempre ha tenido para su vida. Y con un puñado de compromisos clave por su parte, puede seguir desde este mismo día en adelante con la confianza y la esperanza de que nuestro Padre celestial hará que se cumpla en usted.

Piénselo de esta manera: En vez de estar a la orilla del río y cada día pedir un vaso de agua para sobrevivir, haga algo impensable: tome esa pequeña oración con la recompensa grande *¡y saltará dentro del río!* En ese momento, comenzará a dejar que las corrientes amorosas de la gracia y el poder de Dios lo lleven adelante. El grandioso plan de Dios para usted le rodeará y le transportará a la vida profundamente importante y satisfactoria que le tiene prometida.

Si eso es lo que usted quiere, por favor continúe leyendo.

2

ENTONCES,
¿POR QUÉ NO PEDIR?

¡Oh, si en verdad me bendijeras!

Usted está en un retiro espiritual en las montañas con otros que también quieren experimentar una vida cristiana más completa. Durante el curso del retiro a todos se les ha asignado un mentor. El suyo tiene unos setenta años, y ha alcanzado vidas para Dios por más tiempo del que usted ha vivido.

Camino a las duchas la primera mañana, usted pasa por el cuarto de él. La puerta está entreabierta y él acaba de arrodillarse para orar. Usted no puede resistir y se pregunta: *¿Cómo exactamente comienza sus oraciones un gigante de la fe?*

Hace una pausa y se acerca más. ¿Orará por avivamiento? ¿Orará por los que tienen hambre alrededor del mundo? ¿Orará por usted?

Pero lo primero que oye es: "Oh Señor, te ruego con todas mis fuerzas en esta mañana, ¡por favor, ...bendíceme!"

Sorprendido ante esa oración tan egoísta e interesada, atraviesa el vestíbulo para ir a las duchas. Pero a medida que gradúa la temperatura del agua, un pensamiento lo golpea. Es tan obvio que no puede creer que no se le hubiera ocurrido antes.

Los grandes hombres de fe piensan de modo diferente del resto de nosotros.

Una vez que está vestido y se dirige al comedor para tomar el desayuno, usted ya está convencido. La razón por la que hombres y mujeres grandes de la fe se destacan entre los demás, es que piensan y oran de manera distinta a la de quienes les rodean.

¿Es posible que Dios quiera que usted sea más "egoísta" en sus oraciones?

¿Será posible que Dios quiera que usted sea "egoísta" en sus oraciones? ¿Pedir más... y más... de su Señor? He conocido a muchos cristianos fervorosos que toman como señal de inmadurez acariciar tales pensamientos. Suponen que serían muy descorteses y codiciosos si le piden a Dios demasiadas bendiciones.

Es probable que usted también piense de la misma manera. Si es así, quiero mostrarle que una oración así no es un acto tan egocéntrico como parece, sino una acción sumamente espiritual y con toda exactitud la clase de petición que nuestro Padre anhela oír.

Primero, echemos una mirada más detallada al relato de Jabes.

DOLOR NO, GANANCIA

Hasta donde podemos decir, Jabes vivió en el sur de Israel después de la conquista de Canaán y durante la época de los jueces. Nació en la tribu de Judá y llegó a ser cabeza de un clan. Pero su historia en realidad comienza con su nombre: "Y su madre lo llamó Jabes, pues dijo: Porque lo di a luz con dolor".

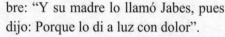

Él creció con un nombre que todo niño odiaría.

En hebreo, la palabra *Jabes* significa "dolor". Una traducción literal podría ser: "El que causa (o causará) dolor".

No suena como el comienzo de una vida promisoria ¿verdad?

Todos los bebés llegan al mundo con cierta cantidad de dolor, pero algo en el nacimiento de Jabes fue más allá de lo usual, tanto que su madre decidió recordarlo con el nombre de su hijo. ¿Por qué? El embarazo o el parto pueden haber sido traumáticos. O puede ser que el dolor de la madre fuese emocional, quizá el padre del niño la abandonó durante el embarazo; o tal vez murió; quizá la familia cayó en una estrechez económica tan grande que la perspectiva de otra boca para alimentar únicamente podía traer temores y preocupaciones.

Solo Dios sabe con certeza qué provocó el dolor de esta madre angustiada. No es que eso hiciera mucha diferencia para el joven Jabes. Él creció con un nombre que todo niño odiaría. Imagínese que usted hubiera tenido que soportar a través de toda su infancia el ser fastidiado por los bravucones, recordándole a diario de su mal recibido nacimiento con preguntas burlonas como: "Así, pues, jovencito, ¿en qué estaba pensando tu mamá?"

Pero la carga más pesada del nombre de Jabes tuvo que ver con la manera en que definía su futuro. En los tiempos bíblicos, el individuo y su nombre se relacionaban en una forma tan estrecha que la frase "cortar su nombre" tenía el mismo significado de darle muerte. Con frecuencia el nombre se consideraba como un deseo o hasta una palabra profética con respecto al futuro del niño. Por ejemplo, Jacob puede significar "el que agarra o arrebata" lo cual constituye una excelente minibiografía de este astuto patriarca. Noemí y su esposo llamaron a sus hijos Mahlón y Quelión nombres que se pueden traducir como "enfermo" y "languidez", respectivamente. Y así les aconteció. Ambos murieron cuando eran adultos jóvenes. Salomón significa "paz" o "pacífico", y efectivamente fue el primer rey de Israel que gobernó sin recurrir a la guerra.

Un nombre que significaba "dolor" no le auguraba buen futuro a Jabes.

A pesar de tales perspectivas, Jabes halló un camino de salida. Al crecer oía del Dios de Israel que liberó a sus antepasados de la esclavitud, que les dio victorias sobrenaturales contra enemigos poderosos, y que los estableció en una tierra de plenitud total. En consecuencia, para el tiempo en que llegó a ser adulto, Jabes creía y esperaba fervorosamente en ese Dios de comienzos nuevos y de milagros.

Entonces, ¿por qué no pedir uno?

Y precisamente eso hizo. Pues pronunció la mayor e inverosímil de las peticiones posibles de imaginar:

¡Oh, si me bendijeras *en verdad*...!

Cuánto amo la vehemencia, la sensibilidad de su ruego. En hebreo añadir "en verdad" a esta oración, es como si se agregaran cinco signos de admiración, o como escribir la petición en mayúsculas y subrayarlas.

Cuando pedimos la bendición de Dios, estamos pidiendo más de lo que podríamos obtener por nosotros mismos.

Me imagino a Jabes ante una puerta maciza, enorme, en un muro tan alto como el firmamento. Bajo el peso abrumador de su pasado y la monotonía de su presente, solo ve delante de sí la imposibilidad: un futuro taciturno y sin esperanza. Sin embargo, levanta las manos al cielo y clama: "¡Padre, oh Padre! ¡Por favor, bendíceme! Y lo que realmente quiero decir es... que me bendigas, pero en abundancia!"

Con la última palabra comienza la transformación. Oye un golpe tremendo. Luego algo como un gemido. Después un rechinar a medida que la formidable puerta oscila para apartarse de él en un arco muy amplio. Y allí, extendiéndose hasta el horizonte, hay campos de bendición.

Y Jabes avanza un paso a una vida completamente nueva.

BENDICIÓN NO ES LO QUE NOS DESEAN CUANDO ESTORNUDAMOS

Antes que podamos pedir con toda confianza las bendiciones de Dios, necesitamos entender con toda claridad lo que la palabra significa. Oímos pronunciar los términos "bendecir" o "bendición", desde todos los púlpitos. Pedimos a Dios que bendiga a los misioneros, a los chicos y el alimento que vamos a consumir. Y hasta la abuela dice: "Dios te bendiga" o "bendiciones", cuando nos oye estornudar.

No es de extrañar que el significado de "bendición" se haya diluido tanto hasta llegar a ser algo tan vago como: "Tenga un buen día". Así, pues, no es raro que muchos cristianos no estén tan desesperados como Jabes para recibirla.

Bendecir en el sentido bíblico quiere decir pedir o impartir un favor sobrenatural. Cuando suplicamos la bendición de Dios, no solicitamos más de lo que nos es posible conseguir. Clamamos por la ilimitada y maravillosa bondad que el único Dios tiene: el poder de conocer o darnos. A esta clase de riqueza se refiere el escritor bíblico cuando dice. "La bendición del Señor es nuestra mayor riqueza; todo nuestro afán nada le añade" (Proverbios 22:10).

Es indispensable notar un aspecto radical en cuanto a la bendición que pide Jabes: *Él dejó por completo que Dios decidiera cuáles serían esas bendiciones y cuándo, cómo y dónde las iba a recibir.* Esta clase de confianza decisiva e incondicional en las buenas intenciones de Dios hacia nosotros, nada tiene en común con el evangelio popular según el cual se le debe pedir a Dios un automóvil de lujo, ingresos de seis cifras o algún otro signo físico materialista que indique que hallamos una forma efectiva de conectarnos con Él. En vez de eso, la bendición de Jabes se enfoca, como un rayo láser, en nuestro deseo respecto a nosotros mismos de nada más o nada menos, sino exclusivamente en lo que Dios desea para nosotros.

Cuando buscamos la bendición de Dios como un valor concluyente en la vida, nos internamos por completo en el río de su voluntad, su poder y sus propósitos para nosotros. Todas nuestras necesidades vienen a ser secundarias ante lo que realmente queremos, que no es otra cosa que llegar a sumergirnos de modo total y absoluto en lo que Dios trata de hacer en nosotros, por medio de nosotros y alrededor de nosotros para su gloria.

Permítame contarle un efecto garantizado de la búsqueda sincera de sus bendiciones. Su vida se destacará por los milagros. ¿Cómo lo sé? ¡Porque Él lo promete, y porque he visto que ha sucedido en mi propia existencia! El poder de Dios para cumplir grandes cosas de pronto no halla obstáculo alguno en usted. Por ello usted se mueve en la dirección de Él. Ora exactamente por lo que Dios desea. Y, de repente, las fuerzas de los cielos comienzan libremente a cumplir la voluntad perfecta de Dios, por medio de usted. ¡Y usted será el primero en notarlo!

Pero hay un atractivo.

EL SEÑOR PÉREZ VA AL CIELO

¿Qué pasa si descubre que Dios pensaba enviarle veintitrés bendiciones específicas en el día de hoy, y apenas recibió una? ¿Cuál supone que haya podido ser el motivo de ello?

Hay un relato acerca de un tal señor Pérez que muere y llega al cielo. Pedro lo espera en la puerta para hacer un recorrido. En medio del resplandor de las calles de oro, de

25

las hermosas mansiones y de los coros de ángeles que Pedro le enseña, el señor Pérez nota un edificio de aspecto extraño. Piensa que parece una bodega enorme. Carece de ventanas y solo tiene una puerta. Pero cuando pide ver el interior, Pedro vacila.

—En realidad usted no quiere ver lo que hay allí —le dice al recién llegado.

¿Por qué tendría que haber secretos en el cielo? Se pregunta el señor Pérez. *¿Qué increíble sorpresa me esperará allí?* Cuando termina el recorrido oficial, aún sigue con la inquietud, y de nuevo solicita ver dentro del edificio.

*"Todas estas cajas tienen un nombre escrito", dice el señor Pérez.
Se vuelve a Pedro y le pregunta: "¿Habrá una para mí?"*

Al fin Pedro accede. Cuando el apóstol abre la puerta, el señor Pérez casi lo golpea en su prisa por entrar. Resulta que el enorme edificio está repleto de filas de estantes, desde el piso hasta el techo, atestados de cajas blancas atadas con cintas rojas.

—Todas estas cajas tienen un nombre escrito —musita el señor Pérez en voz alta. Luego se dirige a Pedro y le dice—: ¿Habrá una para mí?

—Sí, hay una para usted —Pedro trata de hacer que el señor Pérez regrese al exterior—. Con toda franqueza

—dice Pedro—, si yo fuera usted... —pero el señor Pérez se lanza hacia el pasillo "P" para encontrar su caja.

Pedro lo sigue, mientras agita la cabeza. Lo alcanza cuando desliza la cinta roja de su caja y hace saltar la tapa. Al mirar su interior, el señor Pérez lo reconoce al instante, y deja escapar un suspiro como los que Pedro suele oír muchas veces.

Porque allí, en la caja blanca del señor Pérez, están todas las bendiciones que Dios quiso darle mientras estaba en la tierra... pero nunca las pidió.

"Pide", prometió Jesús, "y se te concederá lo que pidas..." (Mateo 7:7). "No tenéis porque no pedís", dijo Santiago (Santiago 4:2). Aunque no hay límites para la bondad de Dios, si usted no le pidió ayer una bendición, no tuvo todo lo que se suponía que alcanzaría.

Esta es la trampa: Si no pide las bendiciones del Señor, perderá las otras que le deben llegar por pedir una sola. De la misma manera en que a un padre le honra tener un hijo que le ruega su bendición, nuestro Padre se deleita en responder generosamente cuando su bendición es lo que usted más desea.

LA NATURALEZA DE DIOS ES BENDECIR

Quizá piense que su nombre es simplemente otro sinónimo de dolor o problemas o que la herencia que ha recibido a causa de sus circunstancias familiares no es más que una desventaja. Simplemente, no se siente como un candidato ideal para recibir bendiciones.

También es posible que sea uno de esos cristianos que creen que una vez que son salvos, las bendiciones de Dios vienen como una especie de llovizna sobre su vida a un ritmo predeterminado, no importa lo que haga. Sin que se requiera ningún esfuerzo adicional.

Tal vez se ha deslizado hacia una mentalidad de llevarle la cuenta a Dios. En su cuenta de bendiciones hay una columna para depósitos y otra para retiros. ¿Ha sido Dios extraordinariamente bondadoso en los últimos días? Por eso cree que no debería esperar, mucho menos pedir que le acredite a su cuenta. Quizá piense que Dios debería pasar por alto sus deseos y necesidades por un tiempo o incluso hacer un débito en su cuenta al enviarle algún problema a su vida.

Le ruego que cambie su manera de pensar.

¡Esta clase de pensamiento es pecado y una trampa! Cuando Moisés le dijo a Dios en el Sinaí: "Te ruego que me muestres tu gloria" (Éxodo 33:18), pedía una comprensión más íntima de Dios. Como respuesta el mismo Dios se describió así: "El Señor, el Señor, Dios compasivo y clemente, lento para la ira y abundante en misericordia y verdad" (Éxodo 34:6).

¡Increíble! La propia naturaleza de Dios consiste en que tiene bondad a tal grado de abundancia que sobrepasa la indignidad de nuestras vidas. Si piensa acerca de Dios en cualquier otro modo, le pido que cambie su manera de pensar.

¿Por qué no establecer el compromiso para toda la vida de pedirle a Dios que lo bendiga todos los días; y mientras Él lo cumple, que la bendición sea abundante y generosa?

Solo nosotros limitamos la liberalidad de Dios, no son sus recursos, poder o voluntad para dar. A Jabes se le bendijo simplemente porque rehusó dejar que cualquier obstáculo, individuo u opinión fuese mayor que la naturaleza de Dios. Esta, precisamente, es bendecir.

La bondad de Dios para registrar la historia de Jabes en la Biblia es un testimonio que demuestra que no cuenta quiénes seamos o lo que nuestros padres hayan decidido por nosotros, ni el futuro al que estemos "destinados". Solo cuenta conocer lo que queremos ser y pedirlo.

Con una simple y sencilla oración de fe, es posible modificar el futuro. Usted puede cambiar lo que sucede en un minuto a partir de ahora mismo.

3

Viva En Grande
Para Dios

¡Oh, si ... ensancharas mi territorio!

E n la parte que sigue de la oración de Jabes —una súplica por más territorio— usted pide a Dios que ensanche su vida de tal manera que se pueda convertir en algo de un impacto mayor para Él.

Si se parte tanto del contexto como de los resultados de la oración de Jabes, podemos ver que en su petición hubo más que un simple deseo de aumentar su tierra. Quiso más influencia, más responsabilidad y más oportunidades para distinguirse en el servicio *del Dios de Israel*.

Según la versión que usted lea, el término territorio puede referirse a *costas o fronteras*. Para Jabes y sus contemporáneos la palabra tuvo el mismo poder emocional que se encuentra en los vocablos *nuevos territorios* o *frontera* en el caso de las generaciones de los pioneros estadounidenses. Lo cual se refería a un lugar propio, con espacio suficiente como para desarrollarse y crecer.

En la época de Jabes parte de la historia nacional contemporánea de Israel era la conquista de Canaán que hizo Josué y el reparto de la tierra entre las diversas tribus hebreas. Cuando Jabes clamó a Dios "¡Ensancha mi territorio!" miro sus circunstancias presentes y concluyó: "¡Con toda certeza, nací para más que esto!" Como granjero o ganadero, contempló la extensión que heredara de su familia, dejó correr sus ojos por las cercas, visitó las marcas que limitaban su propiedad, calculó las posibilidades, y tomó una decisión: *"Oh Señor, todo lo que has puesto bajo mi cuidado, tómalo y ensánchalo".*

Si Jabes hubiese trabajado con la Bolsa de Valores, podría haber hecho esta plegaria: "Señor, te ruego que aumentes el valor de mis inversiones". Cuando me dirijo a presidentes de compañías, con frecuencia menciono este tipo particular de actitud mental. Si los ejecutivos cristianos me preguntan: "¿Es correcto que le pida a Dios que aumente mis negocios?" Mi

Observó con sumo cuidado sus circunstancias y llegó a una conclusión: "¡Con toda certeza nací para más que esto!"

respuesta es: "¡Naturalmente! ¡Claro que sí!" Si usted los hace en los caminos de Dios, no solo es correcto pedir más, sino que Él espera que usted lo haga. Su negocio es el territorio que Dios le ha confiado. Quiere que lo acepte como una oportunidad significativa para tocar la vida personas y negocios de la comunidad y de todo el mundo para su gloria. Pedirle que ensanche esa oportunidad solo le produce deleite.

Supongamos que Jabes hubiese sido una esposa y madre. Entonces su oración podría haber sido: "Señor, aumenta mi descendencia, favorece mis relaciones clave, multiplica para tu gloria la influencia que los míos puedan tener". El hogar de cada uno de nosotros es el lugar más poderoso en la tierra donde podemos cambiar una vida para Dios. ¿Por qué no querría Él que usted fuese poderoso para Él?

Sin importar cuál sea su vocación, la forma más efectiva de oración de Jabes a fin de pedir más territorio, podría decirse de la siguiente forma:

Oh Dios y Rey mío, por favor, te ruego que aumentes mis oportunidades en tal forma que pueda tocar más vidas para tu gloria. ¡Déjame hacer más para ti!

Cuando ore de esta manera, todo será más emocionante.

MUEVA LOS LÍMITES DE SUS FRONTERAS

Hace varios años en un curso de una serie de conferencias sobre metas y responsabilidades en una gran universidad cristiana en California, desafié a los estudiantes a orar la oración de Jabes para que pidieran más bendiciones y mayores influencias. Sugerí que el cuerpo estudiantil de dos mil miembros se fijara un objetivo ministerial digno de la capacidad de esa universidad.

Les sugerí: "Miren el mapamundi y elijan una isla. Cuando la hayan escogido, reúnan un equipo de estudiantes, en una aerolínea alquilen un avión para un vuelo privado, y luego vayan a la isla y tómenla para Dios".

Unos pocos estudiantes se rieron a carcajadas. Otros cuestionaron mi integridad mental. Pero la gran mayoría escuchó atentamente. Yo persistí. Como conocía la isla de Trinidad y había visto sus necesidades, les dije: "Pídanle a Dios que les dé la isla Trinidad", y agregué: "Y también un avión DC-10".

Sin embargo, no conseguí seguidores inmediatos.

"Pídanle a Dios que les dé la isla de Trinidad" y después añadí: "Y también un avión DC-10".

Con todo, el desafío provocó una buena cantidad de conversaciones estimulantes. Encontré que aunque casi todos los muchachos estaban ansiosos por hacer algo que fuese significativo con su tiempo y sus talentos, no estaban muy seguros de por dónde debían comenzar. Por lo general dedicaban buena parte de su tiempo a hacer una lista de sus deficiencias en habilidad, dinero, valor y oportunidades.

Dediqué mucho tiempo de aquella semana haciendo una pregunta: Si el Dios de los cielos nos ama infinitamente y nos quiere en su presencia en todo momento y si sabe que el cielo es un sitio mucho mejor, entonces ¿por qué nos deja aquí sobre la tierra? Con un alumno tras otro procuré dar lo que creí que era una respuesta bíblica a esa interrogante: "Porque Dios quiere que muevas los límites de tus fronteras, que tomes un territorio nuevo para Él —pudiera ser una isla— y que alcances a mucha gente en su nombre".

Dios estaba en la obra. Una semana después de regresar a mi hogar, recibí una carta de un estudiante de nombre Warren. Me decía que él y su amigo Dave decidieron aceptar el reto ante el poder de Dios y pedirle que los bendijera y que ensanchara sus fronteras. Específicamente, oraron para que Dios les diera la oportunidad de testificar ante el gobernador de California *ese fin de semana*. Pusieron sus sacos de dormir en el auto de Warren, un modelo del 63, y condujeron 640 km hasta la capital para tocar las puertas.

La carta continuaba:

Para el domingo en la noche, cuando regresamos de Sacramento, sucedió esto:

Pudimos hablar de nuestra fe a dos empleados en una gasolinera, a cuatro guardias de seguridad, al jefe de la Guardia Nacional de los Estados

Unidos, al director del Departamento de Salud, Educación y Bienestar Social del Estado de California, al jefe de la Patrulla de Carreteras de California, al secretario del gobernador y por último, al mismo gobernador.

A medida que Dios nos permite crecer, estamos agradecidos con Él, pero al mismo tiempo sentimos que morimos de miedo. ¡Otra vez gracias por desafiarnos!

Esto no fue sino el principio. En las semanas y meses que siguieron, la visión para ensanchar los territorios inundó el recinto de la universidad. En el otoño, un equipo estudiantil dirigido por Warren y Dave habían organizado, un gran proyecto misionero para el verano siguiente. Lo denominaron Operación Jabes. El objetivo: Reunir un grupo autofinanciado de estudiantes como obreros cristianos, alquilar un avión de propulsión a chorro, y —lo adivinaron, ¿verdad?— volar a la isla de Trinidad, a fin de ministrar allí durante todo un verano.

Y exactamente así lo hicieron. En efecto, 126 personas, en su mayoría estudiantes y unos pocos profesores universitarios, constituyeron el grupo de misioneros. Cuando el avión despegó con su carga completa desde Los Ángeles, la Operación Jabes se ufanaba de contar con equipos entrenados listos para ministrar por medio de dramas, ayudantes en la industria de la construcción, escuela bíblica de vacaciones, música y visita a los hogares. El rector de la universidad designó a la Operación Jabes como la empresa más significativa para el ministerio estudiantil en toda la historia de la institución.

Todo se originó simplemente en dos estudiantes que le pidieron a Dios ensanchar sus territorios, ¡y Él así lo hizo! Una oración pequeña produjo mapas nuevos en los límites de las fronteras y repercutió en las vidas de miles de personas.

"CREO QUE ESTA ES MI CITA"

La oración de Jabes es una petición revolucionaria. Así como es sumamente raro oír que alguien ruega: "¡Por favor, Dios, bendíceme!" es también muy extraño que alguien suplique: "¡Oh Dios, te pido que me des más ministerio!" Casi todos creemos que nuestras vidas ya están más que llenas. Pero cuando, en fe, usted comienza a pedir más ministerio, acontecen cosas muy sorprendentes. A medida que se ensanchan sus oportunidades, también su capacidad y sus recursos aumentan de modo sobrenatural. De manera muy precisa sentirá el placer que Dios experimenta con sus peticiones y la prisa que Él tiene para llevar a cabo grandes cosas por medio de usted.

Las personas aparecerán en su puerta o en la mesa contigua a la suya. Comenzarán a decir cosas que hasta a ellas mismas les sorprenderán. Van a preguntar algo —ni siquiera están seguros de qué— pero confían en tener una respuesta.

A esta clase de encuentros les llamo "Citas Jabes".

Recuerdo la primera vez que tuve una. Estaba en un sitio lleno de sorpresas, a bordo de un barco anclado en la costa de Turquía. Viajaba solo para conocer y evaluar una compañía de turismo especializada en llevar grupos alrededor del Mediterráneo, para seguir las huellas de la iglesia primitiva. A bordo habíamos tenido días hermosos con mucho tiempo que me permitía trabajar en diversos proyectos, pero me sentía más solitario con el paso de los días. La mañana en que

Tomé una mesa en un restaurante al aire libre y pedí una taza de café.

anclamos en Patmos, la isla donde Juan escribió el Apocalipsis, toqué fondo.

En lugar de seguir el paseo bajo la dirección del guía, recorrí las calles del pequeño puerto y me puse a hablar con el Señor: *"Señor, sabes que me siento nostálgico y débil"*, oré. *"Pero quiero ser tu siervo. Incluso ahora, ensancha mis fronteras. Envía a alguien que me necesite"*.

Al entrar a una plaza pequeña, ocupé una mesa de un restaurante al aire libre y pedí una taza de café. Pocos minutos más tarde oí la voz de un hombre detrás de mí.

—¿Usted viene en el crucero? —al levantar el rostro vi un hombre joven que caminaba hacia mí.

—Sí —le respondí—. Y usted, ¿de dónde viene?

Contestó que era un estadounidense que vivía en la isla y luego preguntó si podía sentarse a mi mesa. Se llamaba Terry. En el curso de pocos minutos se puso a contarme su historia. Resultó que su matrimonio estaba por terminar. En realidad, ese era el último día, pues su esposa le había dicho que se iba al atardecer.

Ustedes saben lo que pensaba en ese momento, ¿verdad? *Muy bien, Señor, creo que esta es mi cita Jabes. Y la acepto.*

Le pregunté: —Terry, ¿quiere que su esposa se vaya?

—No —respondió.

—¿Está dispuesto para aceptar un par de ideas? —le dije. Ante la respuesta, supe que era la confirmación del Señor para otra "experiencia Jabes". Dediqué la hora siguiente a compartirle varios principios bíblicos clave para tener un matrimonio feliz. Terry no había oído ninguno de ellos antes.

Cuando terminé, él estaba tan ansioso de probar estos principios y ver si tenía una oportunidad de salvar su matrimonio que saltó de alegría para irse y ponerlas en práctica inmediatamente.

—Escuche, Terry —dije—. En realidad hoy mismo quiero enterarme de cómo sigue todo entre usted y su esposa. Cualquier cosa que suceda, venga al barco antes que zarpemos para que me cuente. ¿Está bien?

Estuvo de acuerdo, agitó la mano y se fue. Hacia el atardecer, todos habían vuelto a bordo. Anduve por la cubierta mientras esperaba. Aún me sentía solo, como frustrado y empecé a imaginarme cosas que podían haber sucedido en el interior de Terry al finalizar nuestra charla. Cuando el capitán ordenó el toque de sirena definitivo que anunciaba nuestra partida, me fui a la popa del barco donde los marineros se ocupaban en retirar las amarras de la nave. Y allí, en carrera hacia nosotros, a lo largo de la playa, venía una pareja de jóvenes tomados de la mano. Cuando se acercaron lo suficiente para distinguir que me inclinaba sobre la borda, comenzaron a gritar:

—¡Funcionó! ¡Funcionó! ¡Otra vez estamos juntos!

El resto del viaje estuve tan alegre y lleno de gozo por lo que Dios había hecho que me sentía como si flotara desde el barco sin ayuda de ninguna clase. Dios concertó un encuentro entre aquel joven y yo. Y Él nos puso uno frente al otro desde el momento en que supliqué por una vida con mayor disposición para su servicio.

Viva de acuerdo a las matemáticas de Dios

Sin importar cuáles sean nuestros dones, cultura académica o vocación, nuestro llamado es hacer la obra de Dios sobre la tierra. Si quiere, se le puede llamar vivir nuestra fe para los demás, ministerio o el trabajo diario de todo cristiano. Pero cualquier nombre que se le quiera dar, Dios busca personas que quieran siempre hacer más, porque tristemente, casi todos los cristianos parece que se niegan a vivir en este nivel de bendiciones e influencia.

Nuestro titubeo resulta del empleo correcto de nuestros números, pero con matemáticas completamente equivocadas.

Para casi todos nosotros, la ambivalencia se origina en la consecución correcta de las cifras, pero con una práctica pésima de la aritmética. Por ejemplo, cuando calculamos qué tamaño de territorio puede tener Dios en mente para nosotros, mantenemos en nuestros corazones una ecuación donde se suman los factores siguientes y se obtiene algo así como esto:

Mis habilidades + experiencia + enseñanzas y entrenamiento recibidos
+ mi personalidad y apariencia
+ mi pasado + las expectativas de los demás
= al territorio que se me asigna.

No importa cuántos sermones hayamos oído sobre el poder de Dios para obrar por medio de nosotros, simplemente nos disculpamos con el significado de tres palabras sencillas: *por medio de*. Con certeza decimos que naturalmente, sí queremos que Dios obre *por medio de* nosotros, pero en realidad lo que queremos decir es *por* o *en asociación con*. Pero el recordatorio de Dios para nosotros es el mismo que dio a los judíos cuando regresaron de la cautividad a una patria diezmada: "No por el poder ni por la fuerza, sino por mi Espíritu, dice el Señor de los ejércitos" (Zacarías 4:6b,).

Nuestro Dios se especializa en obrar por medio de individuos normales que creen en un Dios sobrenatural que hará su obra a través de ellos. Él simplemente espera que se le invite. Eso quiere decir que las matemáticas de Dios producen algo semejante a esta ecuación:

Mi voluntad y mis debilidades
+ la voluntad y el poder sobrenatural de Dios
= mi territorio ensanchado.

Cuando usted comienza a pedir —mendigar— con fervor más influencias y responsabilidades con las que va a honrar a Dios, Él pondrá ocasiones y personas en su camino. Se puede confiar en que Él jamás nos enviará a alguien a quien no podamos ayudar sino por su dirección y su vigor. Casi siempre sentirá miedo cuando inicia la toma de un territorio nuevo para Él, pero también ha de experimentar la tremenda conmoción de Dios que le dirige y lo guía a medida que usted lo hace. Vendrá a ser como Juan y Pedro, a quienes se les dieron las palabras que debían decir en el momento preciso en que las necesitaban.

Un día como respuesta a las oraciones de Darlene por un ministerio ensanchado, una vecina a quien escasamente conocíamos vino a tocar a nuestra puerta.

Él jamás nos va a enviar a alguien a quien nos sea imposible prestar algún tipo de auxilio.

—Señora —dijo en medio de sus lágrimas—, mi esposo está muriéndose y no tengo a nadie con quien hablar. ¿Puede ayudarme?

Fronteras ensanchadas. Una cita que debemos conservar.

Recientemente en un viaje por tren en el que atravesaba el país, oré otra vez para que Dios ensanchase mis límites. Mientras comía en el vagón restaurante, pedí al Señor que me enviase a alguien que tuviera necesidad de Él. Una mujer se sentó al otro lado de la mesa y dijo que quería hacerme una pregunta. Me conocía de nombre, pero no sabía nada más acerca de mí. Parecía estar muy perturbada.

Le dije: —¿Qué puedo hacer por usted?

Me respondió: —Tengo miedo del anticristo. Durante cincuenta años he vivido con el temor de no poderlo reconocer cuando venga, que me engañe y que reciba la marca de la bestia.

Esa pregunta de improviso de una señora a quien posiblemente nunca volveré a encontrar, desencadenó una conversación conmovedora y una hermosa liberación espiritual.

Fronteras ensanchadas. Una cita que debemos conservar.

ASIENTO DE PRIMERA FILA

Orar por el ensanchamiento de las fronteras es pedir un milagro, así de simple. Un milagro es una intervención de Dios para hacer que suceda algo que normalmente no ocurriría. Eso, y nada menos, tuvo que tener Jabes para que su nombre se manifestara a través del tiempo y para transformar sus circunstancias.

¿Usted cree que todavía pueden ocurrir milagros? Muchos cristianos a quienes he conocido, no lo creen. Les recordé que los milagros no tienen que quebrantar las leyes naturales para que sean un suceso sobrenatural. Cuando Cristo calmó la tormenta, no puso a un lado la ley universal, la tormenta finalmente se habría aquietado por sí misma. En lugar de eso, Jesús gobernó y encauzó el patrón meteorológico. Cuando Elías oró para que la lluvia cesara, Dios reguló el ciclo natural de sequía y lluvia.

De la misma manera, los poderes que obran los milagros de Dios fueron evidentes cuando, al conocer la necesidad de

Terry, nos permitió esa reunión en Patmos. Y como Dios sabía lo que le pasaba a la mujer en el tren, dispuso una conversación con ella.

Los milagros que más regocijo han traído a mi vida siempre comenzaron con una audaz petición para que Dios otorgara una mayor y gran expansión a su reino. Si usted da pasos pequeños, no necesita a Dios. En cambio, si se arroja a la enorme corriente de los planes de Él para este mundo —que están mucho más allá de nuestra capacidad para cumplirlos— y le suplica: *Señor, utilízame... ¡dame más ministerio para ti!,* entonces se liberan los milagros. En ese momento el cielo envía ángeles, recursos, dinamismo y claro está, las personas que necesitan de ti. He visto acontecer esto centenares de veces.

Dios siempre interviene cuando usted da prioridad a los propósitos de Él, antes que a los suyos, ¡y usted se esfuerza en cumplirlos! En forma sorpresiva, si ha orado al Señor con la petición de que ensanche sus límites, con certeza va a reconocer la respuesta divina. Y entonces tendrá una silla en la primera fila para contemplar una vida de milagros.

4

EL TOQUE
DE GRANDEZA

¡Oh, si ... tu mano estuviera conmigo!

Bueno, ahora ya lo hizo. Ya traspasó el límite. Se introdujo más profundo. Ha subido hasta golpearse con la piedra fría de la realidad. Es incapaz de sostener la vida que ha alcanzado....

Dado que se atrevieron a pedir un ensanchamiento de los ministerios, muchos cristianos han vacilado en este punto de su transformación espiritual. Han recibido bendiciones en escalas que no imaginaron posibles. Han visto cómo Dios aumenta los límites de sus influencias y oportunidades.

Sin embargo, repentinamente el empuje del viento se detiene bajo las alas. Débiles e incapaces, empiezan a caer en picada.

¿Parece familiar? Puede ser que sus nuevas oportunidades de negocios amenacen con sobrepasar sus experiencias y recursos. Quizá los muchachos que comenzaron a congregarse en la cocina de su casa parecen tener sobre la familia una influencia negativa mucho más fuerte de lo que usted haya podido influirlos positivamente. Quizá resulta que las nuevas oportunidades para el ministerio por las que oró y recibió del Señor, requieren una persona con mayores y mejores capacidades de las que usted jamás podrá tener.

Usted ha recibido una brazada de bendiciones de Dios, ha caminado vacilante por un territorio nuevo... y tropezó con dificultades abrumadoras. Cuando los creyentes se encuentran en esta clase de dilemas inesperados, con frecuencia se sienten asustados, engañados, abandonados y, claro está, un poco irritados.

A mí me pasó...

EL DESCENSO AL PODER

¡Hablemos de caídas! Me sentí fuera de control y débil —todo lo contrario a lo que se supone que un líder sienta— y casi todos los días pude ver cómo el piso subía al encuentro de mi rostro. Estaba en el comienzo de mi aventura de servicio, después que las puertas empezaron a abrirse con nuevas posibilidades emocionantes en el ministerio de Caminata Bíblica. Pero, simplemente, no podía evadir la idea de que era el hombre incorrecto para esa tarea.

Extremadamente molesto decidí buscar el consejo de un anciano de toda mi confianza. En ese tiempo John

Mitchell tenía como ochenta años, un maestro de Biblia nacido en Yorkshire que fue el padre espiritual de miles de cristianos. Le dije lo que creía que Dios me llamaba a hacer y luego confesé mi problema. Aún estaba en el proceso de tratar de describir mi crisis con algunos detalles cuando me detuvo.

—Hijo —me indicó, en su amable acento irlandés—, ese sentimiento del que procuras escapar se llama dependencia. Significa que andas con el Señor Jesús —hizo una pausa para que meditara en sus palabras, y luego siguió—: En realidad, en el instante en que no te sientas dependiente, es el momento en que te apartas del verdadero vivir por fe.

Me era sencillamente imposible evadir la idea de que era el hombre incorrecto para esa tarea.

No me gustó lo que oí.

—Usted dice, doctor Mitchell, ¿que percatarme de que ciertamente no puedo hacerlo es lo que se *supone* que debo sentir?

—¡Claro que sí, jovencito! —respondió risueño—. Es lo único que está bien.

Es una verdad que asusta pero es completamente vivificante, ¿no es cierto? Como hijos e hijas bendecidos a quienes Dios elige, se espera que intentemos algo lo suficientemente grande como para que sea un fracaso garantizado... a menos que Dios intervenga. Tomemos un minuto en oración para procurar comprender cuán contraria es esa verdad a todo lo que humanamente escogeríamos:

- Va contra el sentido común.
- Se opone a nuestras experiencias previas.
- Parece menospreciar nuestros sentimientos, enseñanzas y preparaciones anteriores y nuestra necesidad de sentirnos seguros.
- Nos prepara para que nos vean como si fuésemos tontos y perdedores.

Pero es el plan de Dios para sus más honrados siervos.

Lo admito, los héroes cinematográficos parecen no tener necesidad de la dependencia, pero a usted y a mí se nos hizo para ella. Depender de Dios hace héroes de personas comunes como Jabes, usted o yo. ¿Cómo? Estamos obligados a clamar con Jabes esta tercera súplica desesperada:

"¡Oh, si tu mano estuviera conmigo!"

Con ella liberamos el poder de Dios para cumplir su voluntad y darle a Él la gloria por medio de todas aquellas cosas que parecen imposibles.

Debemos enfatizar que Jabes al iniciar su oración no pidió que la mano de Dios estuviera con él. En ese momento no experimentaba tal necesidad. Las cosas eran todavía manejables. Sus riesgos, y los temores que van con ellos, eran mínimos. Mas cuando sus fronteras se ensancharon y las tareas de la agenda de Dios, tan grandes como un reino, empezaron a llegarle, Jabes supo que necesitaba la mano divina, y rápido. Pudo haber regresado o intentar seguir con sus propias fuerzas. Pero, en cambio, oró.

Si buscar las bendiciones de Dios es nuestro acto definitivo de adoración y si pedir hacer más para Él es nuestra ambición máxima, entonces implorar la mano de Dios sobre nosotros es nuestra elección estratégica para sostener y continuar las grandes cosas que Dios ha comenzado en nuestras vidas.

Usted podría haber invocado la mano de Dios sobre sí, "el toque de grandeza". Usted no se hace grande; es Dios quien se hace grande por medio de usted.

Ese es el motivo que nos hace llamar la mano de Dios sobre nosotros "el toque de grandeza". No somos nosotros los que nos convertimos en grandes; llegamos a ser dependientes de la mano fuerte de Dios. Nuestra necesidad rendida se torna su oportunidad ilimitada. Y, entonces, Él viene a ser grande a través de nosotros.

UNA ESCALERA A LAS NUBES

Un día, cuando nuestros chicos eran preescolares, Darlene y yo fuimos con ellos al parque de una gran ciudad al sur de California. Era la clase de parque que hace que un hombre adulto desee volver a ser niño. Tenía columpios, barras para micos y balancines, pero la atracción más tentadora eran los toboganes, no solo uno sino tres: pequeño, mediano y enorme. David, que tenía cinco años por esa época, arrancó como un tiro para el tobogán pequeño.

—¿Por qué no vas con él y lo acompañas? — sugirió Darlene.

Pero tuve otra idea. —Esperemos y veamos qué pasa —dije. Así, pues, nos sentamos a descansar en un banco cercano y observamos. David subió feliz hasta lo más alto del tobogán pequeño. Agitó una mano hacia nosotros con una gran sonrisa y luego con un zumbido se lanzó abajo.

Miró hacia arriba, fija y detenidamente a la escalera. Como niño al fin, debe haber tocado las nubes.

Sin vacilar se movió al tobogán mediano. Había trepado la mitad de la escalera cuando se dio la vuelta y me miró. Me hice el desentendido y miré a lo lejos. Con certeza consideró sus opciones por un momento y entonces con todo cuidado bajó de escalón en escalón.

Mi esposa dijo: —Cariño, deberías ir a ayudarlo.

Respondí: —Todavía no —esperaba que el guiño que le hice le asegurara que simplemente no descuidaba a nuestro hijo.

David pasó unos pocos minutos al pie del tobogán mediano y observaba cómo otros chicos subían, se echaban abajo y a la carrera regresaban para repetirlo de nuevo. Por último afirmó sus ideas y tomó una decisión. Él también podía hacerlo. Trepó... y se dejó deslizar. En realidad, lo hizo tres veces sin siquiera mirarnos.

Luego lo observamos cuando se volvió y se dirigió hacia el más alto de los toboganes. Ahora Darlene estaba en verdad ansiosa. —Bruce, pienso que no debería delizarse solo. ¿Qué crees?

—No —respondí con tanta calma como me era posible—. Pero no supongo que lo haga. Esperemos a ver qué hace.

Cuando David llegó a la base del tobogán gigante, se volvió y llamó: —¡Papito! —pero me hice como que miraba de nuevo a lo lejos y simulé no haberlo escuchado.

Miró hacia arriba, fija y detenidamente a la escalera. Como niño al fin, creyó que alcanzaría las nubes. Observó a un jovencito mayor que se arrojaba con enorme rapidez. Luego, contra todas las probabilidades, decidió intentarlo. Escalón por escalón, mano sobre mano, empezó a subir la escalera. No había hecho ni una tercera parte del camino cuando se paralizó. En este momento un adolescente venía detrás de él y le gritaba que siguiera. Pero David no podía. No era capaz de subir ni de bajar. Había llegado al punto de un fracaso seguro.

Me apresuré a ir hacia él. —¿Estás bien, hijo? —le pregunté desde la parte baja de la escalera.

Yo estaba en el comienzo del tobogán y me miró desde arriba, sacudido y con temblor, pero se agarró a esa escalera con energía férrea. Y pude saber que tenía una pregunta lista.

Me dijo: —Papi, ¿vendrás conmigo para deslizarnos juntos? —el muchacho que estaba detrás perdía la paciencia, pero yo no iba a dejar que ese momento se fuera.

—¿Hijo, por qué? —le pregunté mientras miraba con atención su pequeño rostro.

—No lo puedo hacer sin ti, papi —me respondió, asustado y tembloroso—. ¡Es demasiado grande para mí!

Me estiré tan alto como pude para alcanzarlo y lo levanté en brazos. Luego, juntos, trepamos esa larga escalera, casi hasta las nubes. En lo alto, puse a mi hijo entre las piernas y lo estreché contra mi pecho. Y luego nos deslizamos abajo, riéndonos en todo el camino.

SU MANO, SU ESPÍRITU

Así es la mano de nuestro Padre celestial. Usted le dice: "¡Padre, por favor, haz esto en mí porque no puedo hacerlo solo! ¡Es demasiado grande para mis fuerzas!" Y luego da un paso en fe para hacer y decir cosas que solo podrían venir de la mano del Señor. Después, en su espíritu hay un clamor: *"¡Solo Dios hizo eso, nadie más! ¡Dios me llevó, me dio las palabras, me dio el poder, y es maravilloso!"*

¡Nunca podría recomendar un modo de vida más alto y sublime en esta sorprendente dimensión sobrenatural!

El poder de Dios bajo nosotros, sobre nosotros, en nosotros y que surge a través de nosotros es exactamente lo que convierte la dependencia en inolvidables conocimientos y hábitos de plenitud. Como escribió el apóstol Pablo: "no que seamos suficientes en nosotros mismos para pensar que cosa alguna procede de nosotros, sino que nuestra suficiencia es de Dios, el cual también nos hizo suficientes como ministros de un nuevo pacto" (2 Corintios 3:5-6a).

Tan trágico como pueda parecer, la mano del Señor rara vez la experimentan muchos cristianos maduros que no la echan de menos y, por tanto, no la piden. Escasamente saben que existe. Creen que es algo reservado para los profetas y los apóstoles, pero no para ellos. Conforme usted esperaría, cuando esos creyentes alcanzan el plano del fracaso seguro, tienden a llegar a la conclusión errada siguiente: *He ido demasiado lejos. Llegué al lugar equivocado. Y puesto que ya empleé y agoté todos los recursos que iba a tener, ¡necesito retirarme rápido!*

Por el contrario, Jabes estaba tan seguro que la mano de Dios sobre él era indispensable para bendecirlo, que no podía imaginarse una vida de honor sin ella. Miremos un poco más detalladamente el significado de su oración.

La "mano del Señor" es un término bíblico que expresa el poder y la presencia de Dios en las vidas de quienes conforman su pueblo (Josué 4:24; Isaías 59:1). En el Libro de los Hechos, los sucesos extraordinarios de la Iglesia Primitiva se atribuyeron a una cosa: "Y la mano del Señor estaba con ellos, y gran número que creyó se convirtió al Señor" (Hechos 11:21, LBLA). Una descripción más específica en el Nuevo Testamento para la mano del Señor es la "llenura del Espíritu Santo". El crecimiento y desarrollo de la iglesia da un testimonio poderoso, tanto sobre la necesidad como sobre la disponibilidad de la mano de Dios para realizar las obras y la voluntad divinas.

Consideremos la progresión natural desde más bendiciones para más territorio y para la necesidad de poder sobrenatural. Cuando Jesús dio a sus discípulos la Gran Comisión: "Por tanto, vayan y hagan discípulos en todas las naciones.... Estaré con ustedes siempre, hasta el fin del mundo" (Mateo 28:19-20, LBLA) no solo les dejó una gran bendición, sino también una tarea imposible. ¿Ir a *todo* el mundo para predicar? ¡Ciertamente cuando se ejecuta esa orden hay un desastre y muchas dificultades! ¡Después de todo, comisionó a cobardes tan poco dignos de confianza como Pedro, quien ya había demostrado que una criada junto al fuego en el patio del sumo sacerdote, le hizo decir que ni siquiera conocía a Cristo!

Pero cuando envió el Espíritu Santo (Hechos 1:8), Jesús tocó a esos creyentes comunes con grandeza, y les impartió su poder milagroso para diseminar el Evangelio. En efecto, se puede apreciar en el relato de Lucas que la expresión "llenos del Espíritu" a menudo se asocia con resultados y consecuencias: Hablaban con denuedo, confianza, conocimiento y valor (Hechos 4:13; 5:29; 7:51; 9:17). Solo Dios al obrar a través de ellos pudo producir los milagros y las conversiones en masa que se vieron.

Cuando pidamos la presencia poderosa de Dios, como lo hicieron Jabes y la Iglesia Primitiva, veremos también milagros y efectos tremendos que solo se pueden explicar porque vienen de la mano del Señor.

De la Iglesia Primitiva me produce un gran impacto ver que esos cristianos continuamente buscaban ser llenos de Dios (Hechos 4:23-31). Se les conoció como una comunidad cuyos miembros pasaban horas y aun días en oración conjunta, que esperaban en Dios y clamaban por su poder (Hechos 2:42-47). Anhelaban recibir más y más de la mano del Señor, una plenitud espiritual y fresca con la llenura del poder de Dios que transformaría un fracaso cierto e inminente en un milagro haciendo posible la asignación extraordinaria que habían recibido.

Pablo exhortó a los cristianos de Éfeso considerar como prioridad el ser "llenos hasta la medida de toda la plenitud de Dios" (Efesios 3:19). A fin de alcanzar esta meta, él oraba para que el Altísimo los bendijera y los fortaleciera "... con poder por su Espíritu en el hombre interior" (Efesios 3:16).

¿Cuándo fue la última vez que su iglesia se reunió y suplicó la llenura del Espíritu Santo? ¿Desde cuándo usted no clama a Dios con toda regularidad y fervientemente: "¡Oh Señor, pon tu mano sobre mí! ¡Lléname con tu Espíritu!" La diseminación tan rápida de las Buenas Nuevas en el mundo romano no pudo haber sucedido en ninguna otra forma.

DOCE ADOLESCENTES Y UN HUEVO QUE DESAPARECE

Hace muchos años, cuando fui el pastor de jóvenes en una iglesia grande de Nueva Jersey, doce muchachos de escuela secundaria me demostraron que la mano de Dios está disponible para todo creyente que la pida. Como un proyecto ministerial para el verano, en oración, habíamos puesto nuestras miradas en la parte suburbana de Long Island, Nueva York.

Objetivo: evangelizar la juventud del área en seis semanas.

Elaboramos una estrategia de trabajo dividida en tres secciones. Primero, comenzaríamos con estudios bíblicos en los patios traseros, por la tarde evangelizaríamos en la playa y después, en las noches, nos dedicaríamos al alcance y extensión por medio de las iglesias locales. En apariencia es simple, pero no es necesario enfatizar que los miembros del equipo —incluido el pastor de jóvenes— se sentían abrumados por el tamaño de la tarea.

Invitamos para esta actividad a un ministro de jóvenes a fin de que nos preparara para la tarea. Nos dijo que si reuníamos a trece o catorce muchachos para organizar un círculo o "club" para los estudios bíblicos que se darían en los patios traseros, sería un éxito formidable. Cuando salió, afirmé con toda tranquilidad: "Si no tenemos siquiera cien jóvenes en cada club para el fin de semana, habría que considerar el esfuerzo como un completo fracaso".

Los padres solo decían que lo que intentábamos hacer era completamente imposible.

De repente todos sentimos la necesidad imperiosa de arrodillarnos y orar.

Nunca podría olvidar esas súplicas juveniles tan fervientes: "¡Señor, por favor, te rogamos que nos bendigas!" "Sabemos que esto es superior a nuestras fuerzas, pero por favor ¡necesitamos como mínimo un centenar de muchachos!" y "Señor, por tu Espíritu, ¡derrama algo grande y maravilloso para tu gloria!"

Los padres solo decían que lo que intentábamos hacer era completamente imposible. Y estoy seguro que tenían razón. Pero, de pronto, todo comenzó a suceder. En efecto, cuatro de los seis equipos tenían más de un centenar de chicos en las reuniones de la primera semana. Fue necesario que algunos grupos se movieran a casas cuyos patios traseros se unieron, después de quitar las cercas, para albergar a todos los muchachos. Para el fin de semana habíamos compartido las Buenas Nuevas con más de quinientos jóvenes; muchos de ellos nunca habían asistido a una iglesia.

Si esos no fueron milagros suficientes, el esfuerzo evangelístico en Long Island efectuado en la playa, arrojó mejores resultados gracias a algunos trucos y actos de ilusionismo. En realidad fui a un almacén local de novedades y regresé al grupo con un equipo de trucos para principiantes. Ustedes saben, "todo lo que se necesita para deslumbrar e impresionar a los amigos". Me quedé hasta las tres de la mañana mientras aprendía cómo hacía "desaparecer" un huevo. Pero esa tarde ofrecíamos nuestro espectáculo gratis de ilusionismo en la arena y rogábamos a Dios que su mano estuviese sobre nosotros.

Específicamente, pedíamos al Señor treinta decisiones de salvación *al terminar el primer día*.

Nuestra audiencia creció de una simple fila de unos cuantos pequeños (traídos por los padres que con certeza querían unos pocos minutos de paz) a más de ciento cincuenta espectadores con sus trajes de baño. Los entretenimientos iban desde los actos de trucos más sencillos y elementales hasta representaciones teatrales de pasajes seleccionados de los Evangelios. Los padres comenzaron a acercarse un poco más. Por último, los grupos de muchachos aumentaban en nuestro público. A mediados de la tarde pudimos contar doscientos cincuenta. Y cuando al finalizar dimos el desafío de la invitación, no menos de treinta indicaron que querían aceptar a Jesucristo como su Salvador y Señor personal, allí mismo en medio de la arena.

Una vez que establecimos nuestro ministerio de la playa, agregamos cruzadas vespertinas en las iglesias locales. Dios bendijo cada esfuerzo más allá de todas nuestras expectativas, pero precisamente en línea con el alcance de nuestra oración de Jabes. Al fin de nuestra misión de seis semanas pudimos contar mil doscientos creyentes nuevos en Long Island, a quienes se les brindó toda clase de ayuda y materiales de seguimiento.

Aquellos doce estudiantes de secundaria regresaron a sus cómodas vidas de clase media en los suburbios, convencidos de que *nada hay imposible para Dios* y que Él puede hacer todo. Los primeros cambios ocurrieron en sus iglesias ya que decidieron orar para que el Espíritu Santo se moviera en las congregaciones y trajera arrepentimiento y avivamiento.

¿Imposible? Absolutamente no. Esto solo fue el resultado de una docena de jovencitos y de un instructor que observaron cómo se movía la mano de Dios a través de la congregación. A medida que los miembros del equipo misionero compartían sus relatos y desafiaban a los miembros de la iglesia a pedir a Dios más y más, una ola de avivamiento pasó a través de esa comunidad como nadie hubiera podido imaginárselo antes.

Todo porque doce estudiantes clamaron por bendiciones, por más territorio para la gloria de Dios y para que su mano de poder estuviese sobre ellos.

UN TOQUE DEL PADRE

Como todo papá amoroso en el campo de juegos, Dios observa y quiere que reclamemos el poder sobrenatural que

Dios observa, vigila y espera que pidamos.

nos ofrece. "Porque los ojos del Señor recorren toda la tierra para fortalecer a aquellos cuyo corazón es completamente suyo" (2 Crónicas 16:9). Notemos que nuestro Dios no escudriña el horizonte en búsqueda de gigantes espirituales ni de seminaristas sobresalientes. Solo busca a aquellos que le son leales con toda sinceridad. Nuestro corazón fiel y devoto es la única parte que Él no provee para su plan de expansión; nosotros mismos lo debemos ofrecer.

Usted y yo siempre estamos a una súplica de distancia de las hazañas inexplicables dinamizadas por el Espíritu Santo. Por su toque, es posible experimentar entusiasmo sobrenatural, denuedo y poder. Depende de ti.

Pidamos cada día el toque del Padre.

Porque para el cristiano, dependencia no es otra cosa que un simple sinónimo de poder.

5

GUARDE EL LEGADO
CON SEGURIDAD

¡Oh, si ... me guardaras del mal!

U n anuncio de una página completa en una revista,
ilustra a un gladiador romano en graves problemas. De alguna manera dejó caer su espada. El
enfurecido león, que ve su oportunidad, se halla en mitad
de su embestida, con las amenazantes fauces abiertas. La
multitud, de pie en el coliseo, observa con horror cómo el
gladiador, aterrorizado por el pánico, trata de huir. El titu-
lar dice: *A veces no nos podemos dar el lujo de llegar en
segundo lugar.*

Después de pedir y de haber recibido bendiciones sobrenaturales, influencia y poderío, Jabes podría haber pensado que le era fácil saltar a cualquier circo y enfrentar a
cualquier león, y vencer. Podríamos imaginarnos que alguien con la mano de Dios sobre él, oraría:

"Presérvame *en medio del* mal".

Pero Jabes comprendió muy bien lo que aquel gladiador condenado a muerte no pudo entender. En todos los

aspectos, lo más importante de nuestras estrategias para derrotar al león rugiente es permanecer fuera de la arena. Por este motivo la petición final de su oración consistió en que Dios le sustentara fuera de la lucha.

"¡Oh, si en verdad me guardaras del mal para que no me causara dolor!"

La última petición de Jabes es una estrategia brillante pero que se aprovecha poco para conservar la existencia plena de bendiciones. Después de todo, a medida que su vida trasciende lo ordinario y comienza a afianzarse en un territorio nuevo con el objetivo de honrar a Dios, ¿sabe usted de quién es el terreno que está invadiendo?

Su súplica final es una maniobra sobresaliente para mantener una vida llena de bendiciones.

En el capítulo anterior rogamos por poder sobrenatural para obrar a través de nuestras debilidades; en este, nuestra súplica será por auxilio sobrenatural, para ser protegidos de la conocida capacidad que tiene Satanás para hacer que solo lleguemos en segundo lugar.

LOS PELIGROS DEL ÉXITO ESPIRITUAL

Sin duda los triunfos traen consigo mayores oportunidades de fracaso. Basta simplemente con mirar alrededor de los líderes cristianos a quienes después de caer en pecado, se les obliga a retirarse del ministerio. Además, les rodea una estela incontable de individuos conmovidos, desilusionados y víctimas de toda clase de heridas profundas. Como alguien dijo una vez: "Las bendiciones son el mayor de los peligros, porque tienden a embotar nuestro sentido de dependencia de Dios y nos deja expuestos a la presunción".

Cuanto más adelantos obtenga, en una vida de servicio sobrenatural, mayor necesidad tendrá de la oración final de Jabes. Con seguridad van a venir más ataques sobre usted y los suyos. Tendrá que discernir cada uno de los dardos de fuego del adversario: distracciones, obstáculos, opresión, entre otros. En efecto, si en su experiencia no hay nada de eso, preocúpese.

Nunca olvidaré una charla que oí entre un compañero de seminario y mi tutor, el profesor Howard Hendricks. El estudiante, emocionado, le comentaba cómo iba de bien su vida: —Cuando llegué aquí por primera vez —comentaba—, era objeto de tantas tentaciones y pruebas que a duras penas podía sostener la cabeza fuera del agua. Sin embargo, ahora, ¡gloria a Dios!, mi vida en el seminario transcurre con normalidad. ¡Puedo decir que ya no he vuelto a ser tentado!

El doctor Hendricks lo miró profundamente alarmado; esa no era la reacción que el estudiante esperaba.

—Es lo peor que jamás podría oír —repuso el sorprendido tutor—. Pues me demuestra que ya no estás más en la lucha ¡y que el diablo ya no tiene por qué preocuparse tanto por ti!

El Señor nos redimió y nos comisionó para estar a la vanguardia. Por este motivo, orar para que se nos guarde del mal (y del maligno), es parte básica de una existencia bendecida.

Junto con muchos otros, he descubierto que la única vez en que de manera muy particular necesito esta parte de la oración de Jabes es cuando experimento alguna victoria espiritual. Paradójicamente, es entonces el momento en que me inclino a mantener un punto de vista equivocado (y muy peligroso) de mis valores y fortalezas.

Años atrás, tomé un taxi en el centro de Chicago que me llevó velozmente por la autopista Kennedy hacia el aeropuerto. Me recosté en el asiento, exhausto después de una semana de reuniones especiales en el Instituto Bíblico Moody. Dios se había movido de modos muy notables.

Las cosas empeoraron rápidamente. El caballero que estaba sentado a mi izquierda sacó una revista pornográfica.

Tuve que predicar en la mañana y por la tarde todos los días, además de dar consejería a un buen número de estudiantes, setenta y seis para ser exactos (para mí era un récord). Ahora me dirigía a casa y estaba física y espiritualmente sin fuerzas. Mientras miraba sin ver el tráfico, eché mano de la oración de Jabes.

"Oh Señor", supliqué, *"me siento sin resistencia. Todas las energías las entregué a tu servicio. No podría enfrentarme con ninguna tentación. Por favor, te ruego que apartes el mal de mí hoy"*.

Cuando abordé el avión, me di cuenta que me tocaba un puesto en el centro de una fila, no era un buen comienzo para mi vuelo. Las cosas empeoraron rápidamente. El caballero que estaba sentado a mi izquierda sacó una revista pornográfica. *"¡Señor, pensé que habíamos hecho un trato!"* gemí en mi espíritu y miré hacia el otro lado. Pero antes que el avión despegara, el hombre que estaba a mi derecha abrió su maletín y también sacó su propia publicación llena de obscenidades.

En ese momento, ni siquiera pensé pedirles que cambiaran su material de lectura. Cerré los ojos. *"Señor"*, oré, *"sabes muy bien que no tengo fuerzas para enfrentarme con todo esto hoy. ¡Por favor, te ruego que apartes el mal lejos de mí!"*

De repente, el pasajero a mi derecha masculló una maldición, dobló su revista y la volvió a su portafolio. Lo miré para ver qué había incitado su acción. Pero no noté nada, hasta donde puedo decir. Luego el hombre de la izquierda lo miró, maldijo en alta voz y también cerró su revista. De nuevo, no pude entender el motivo aparente de esta decisión.

Estábamos sobre Indiana cuando comencé a reír sin que me pudiera controlar. Ambos me preguntaron qué era lo divertido.

—Señores —les respondí—, ¡sé que no podrían creerme si les cuento!

EL JUEGO DE MANTENERSE LEJOS

Hemos llegado a una de las fortalezas ocultas de Satanás en las vidas de los creyentes. Según mi experiencia, casi todos los cristianos oran solamente por fortaleza para soportar las tentaciones; por la victoria sobre los ataques de nuestro enfurecido adversario, Satanás.

La técnica de guerra más efectiva contra el pecado es orar para que no tengamos que combatir.

De alguna manera no creemos que tengamos que pedir a Dios simplemente que nos aparte de la tentación y que mantenga al diablo a raya en nuestras vidas.

Sin embargo, en el modelo de oración que Jesús enseñó a sus discípulos, casi una cuarta parte de sus cincuenta y cinco palabras piden liberación: "Y no nos metas en tentación, mas líbranos del mal" (Mateo 6:13, LBLA). Allí no se pide nada acerca de discernimiento espiritual o de poderes especiales. Tampoco hay ni una sola palabra sobre enfrentamiento.

¿Cuándo fue la última vez que usted le pidió a Dios que lo mantuviera lejos de la tentación? De la misma manera que Dios quiere que se le pida por más bendiciones, territorios, y poder, igualmente Él anhela oír nuestras peticiones para ser guardados a salvo del mal.

Sin la tentación, no pecaríamos. Casi todos nosotros enfrentamos muchas tentaciones —y por lo tanto, con frecuencia pecamos demasiado— porque no le suplicamos a Dios que nos mantenga lejos de los estímulos que nos inducen a pecar. En consecuencia, daremos un enorme salto espiritual hacia delante, si comenzamos por enfocarnos menos en derrotar la tentación y más en evitarla.

Con todas las legiones celestiales dispuestas bajo sus órdenes, aun Jesús oró por su liberación. Inclusive con toda su perspicacia y discernimiento divinos, al ser tentado en el desierto, rehusó enfrentarse a Satanás en una discusión acerca de sus atrayentes y cautivadoras ofertas.

A medida que nos movamos con mayor profundidad en el campo de lo milagroso, el más efectivo método de combate contra el pecado que podamos manejar, consiste en orar para que no tengamos que combatir la tentación sin necesidad alguna. Y Dios nos ofrece todo su poder sobre-natural para hacer precisamente eso.

ABANDONEMOS LAS ARMAS

La arena de la tentación es por lo general territorio enemi-go. Con esto no quiero decir que ser tentado es lo mismo que pecar, porque ese no es sino otro de los engaños de Sa-tanás. Lo que quiero decir es que por lo general se nos pide que enfrentemos lo malo en los planos de nuestra expe-riencia subjetiva. Este no es un terreno neutro, pues somos criaturas caídas, con entendimiento limitado, como bien lo sabe Satanás. Aquí, hasta nuestras mejores armas (desde el punto de vista humano) se pueden convertir en nuestra ruina.

Tomemos nuestra sabiduría. Esto resulta, en ocasio-nes, mejor porque la naturaleza del mal es engañarnos con una parte muy pequeña de la verdad; no toda, recordemos, pero lo suficiente para engañarnos. Adán y Eva no estaban más dispuestos a sucumbir ante la tentación que nosotros. En efecto, contrario a nuestro caso, eran perfectos en todo, y ninguna de sus necesidades verdaderas quedó sin ser satisfecha. El diablo se aproximó a la especie humana en lo más alto de sus promesas y de su funcionamiento; y nos aplastó con una simple conversación aparentemente amistosa.

Por este motivo, como Jabes, deberíamos orar para que recibamos de Dios toda defensa contra el engaño:

Señor, impídeme cometer los errores que estoy más dispuesto a hacer cuando viene la tentación. Confieso que lo que creo que es necesario o bueno para mi beneficio, con frecuencia solamente es la envoltura hermosa que tiene el pecado. Entonces, por favor, ¡te ruego que mantengas al mal lejos de mí!

Tomemos nuestra experiencia. Cuanto más nos movamos en el territorio nuevo para Cristo, nuestros blancos estarán menos protegidos de los ataques de Satanás. Alguien dijo: "El mayor peligro no es estar al borde del precipicio, sino el no estar alerta". Una condescendencia mínima con el orgullo o con la confianza en sí mismo puede atraer el desastre. El pesar más profundo que he visto entre compañeros creyentes, se halla en quienes han experimentado bendiciones extraordinarias, territorios y poder... solo para deslizarse después en pecados serios.

Como Jabes, entonces, deberíamos clamar que la misericordia de Dios nos aparte de juicios peligrosos y mal dirigidos:

Señor, mantenme libre del dolor y el sufrimiento que vienen con el pecado. Porque los peligros que no puedo percibir, o a los que creo que me puedo arriesgar debido a mi experiencia (soberbia y descuido), levantan una barrera sobrenatural. ¡Protégeme, Padre, por tu poder!

Tomemos nuestros sentimientos. ¿Entendemos realmente cuán lejos está nuestro sueño ideal del que Dios tiene para nosotros? Estamos atrapados en una cultura que adora la libertad, la independencia, los derechos personales y la búsqueda del placer. Respetamos a quienes se sacrifican para obtener lo que quieren. Pero, ¿ser un sacrificio viviente? ¿Crucificar el yo?

Como Jabes, deberíamos rogar que Dios nos defienda del empuje poderoso de lo que nos parece correcto pero que en verdad no lo es:

Señor, te ruego que me libres de la tentación que ejerce presión sobre mis emociones y mis necesidades físicas, que se dirige hacia mi sentimiento de lo que merezco, de lo que tengo el "derecho" a experimentar y a disfrutar. Porque solo tú eres la fuente verdadera y única de todo lo que en realidad es vida. Dirige, pues, mis pasos para apartarme de todo lo que no viene de ti.

Estas son peticiones de liberación que nuestro Padre celestial ama oír, y anhela contestar.

TESTIGOS DE LA LIBERTAD

Como Satanás se opone al máximo a quienes se convierten en la amenaza mayor para él y su reino, entre tanto Dios le dé a usted más respuestas a sus plegarias tipo Jabes, más se debería preparar para hacer frente a los ataques espirituales.

Algunas veces no podemos escondernos del mal, pero por causa del poder de Dios, usted está intentando desatar un asalto ofensivo contra las fuerzas de las tinieblas. En esas ocasiones es posible levantarse contra el enemigo con lo que el apóstol llama "las armas de nuestra contienda " (2 Corintios 10:4).

Recuerdo una reunión de oración en los años iniciales del movimiento "Cumplidores de Promesas". Los veinticinco miembros de nuestro equipo de liderazgo para el evento nos reunimos para orar, mientras decenas de miles se encontraban abajo en el estadio. La oposición era tan fuerte y pesada que tropezábamos con nuestras palabras y caíamos en silencio. A menos que pudiéramos derrotar la opresión satánica, sabíamos que iba ser imposible iniciar el programa. Por último, uno de los miembros del equipo se puso de pie y empezó a atacar al mal con la verdad.

¿Seremos capaces de comprender cuán lejos está el sueño ideal que Dios tiene para nosotros?

"Amigos, la victoria ya es nuestra", declaró con completa confianza mientras seguíamos de rodillas. Firmemente decidido, comenzó a proclamar la voluntad de Dios para ese día. Su memorable oración continuó, era algo como esto:

Señor, es tu deseo que busquemos esta bendición para incontables hombres y sus familias. Sabemos que es tu más profundo anhelo que ocupemos más terreno para tu reino en esta generación, en este día en la historia ¡y en este estadio! Y con reconocimiento te damos gracias porque, sin duda alguna, tenemos la certeza de que así lo vas a hacer.

Lo mejor que el resto de los demás pudimos hacer al principio fue trabajar junto con él en oración, descansando en el Señor para que se moviera sobre nosotros y a nuestro favor. El peso que sentíamos era casi imposible de soportar. Pero nuestro líder de oración no titubeó:

Padre, es tu propósito profundo e inconmovible que tu Santo Espíritu esté aquí —en esta hora, en medio de nosotros— y se mueva ya a través de todas las filas y de cada uno de los hombres que se han congregado en este coliseo. Tú has venido aquí para obrar en una dimensión sobrenatural que escasamente podemos comprender, pero que

*anticipamos con todo fervor. Y en tu nombre, Se-
ñor Jesús, todo otro poder sobre la tierra se debe
inclinar y huir.*

En un momento, durante el curso de esta oración, todos nos quebrantamos delante de Dios. Nuestras súplicas
desesperadas se convirtieron en alabanza y adoración; y
supimos que fuimos testigos de la libertad en el Espíritu.
Luego, todos nos lanzamos juntos a aquella arena para
proclamar con denuedo los resultados abundantes de lo
que ya habíamos logrado en oración.

UN LEGADO DE TRIUNFO

Creo que a Jabes le hubiera gustado esa oración. Siempre
quiso vivir libre de la esclavitud del mal, porque el carác-
ter confiable de Dios, y la Palabra llena de firmeza, le habían mostrado algo inimaginablemente mejor.

"Permanece fuera de la arena de la tentación cuando te
sea posible", aconsejaba, "pero jamás vivas en temor o derrota. Gracias al poder de Dios, podrás mantener seguro tu
legado de bendición".

¿Cree usted que un Dios sobrenatural se va a mostrar
para guardarlo del mal y proteger su inversión espiritual?
Jabes lo creyó y obró de acuerdo a este convencimiento.

De ahí en adelante su vida transcurrió sin la pena y el dolor que vienen con el mal y la aflicción.

Pablo le dijo a los colosenses que Dios " dio vida juntamente con Él [Cristo], habiéndonos perdonado todos los delitos" y que " habiendo despojado a los poderes y autoridades, hizo de ellos un espectáculo público, triunfando sobre ellos por medio de Él [en la cruz]" (Colosenses 2:13,15).

¡Qué asombrosa declaración de victoria! Por medio de Cristo podemos vivir de triunfo en triunfo; no en tentación ni en derrota. Con la cuarta súplica de Jabes como parte de nuestra vida, estamos listos para movernos a un nivel más alto de honor y bendiciones con crecimiento ilimitado.

Aquí está la razón: Al contrario de casi todos los perfiles de inversiones, en el reino de Dios la inversión más segura también ofrece el desarrollo y el crecimiento más notorios.

6

BIENVENIDO AL CUADRO
DE HONOR DE DIOS

Y Jabes fue más ilustre que sus hermanos.

Cree usted que Dios tiene favoritos? Ciertamente su amor está a la disposición de todos, y Jesús vino a la tierra para que "todo aquel" que invoque su nombre sea salvo.

Pero Jabes, cuya oración le ganó el premio de ser "más ilustre" de parte de Dios, podría haber dado a entender que Dios tiene favoritos. Su experiencia le enseñó que entrar a la gracia de Dios no implica enaltecimiento. ¿Qué sucedió con algunos de los demás que se nombran junto con él en el libro de Crónicas? Ibdas, Haze-lelponi y Anub, por ejemplo. ¿Qué honores y galardones recibieron de Dios?

Para decirlo sencillo, Dios favorece y honra a quienes le piden. No les retiene nada a aquellos que quieren y con todo fervor anhelan justo lo que Él desea.

Decir que quiere ser "más ilustre" a los ojos de Dios no es arrogancia ni egoísmo. "Más ilustre" describe lo que Dios piensa; no es un crédito que tomemos por nosotros

76

mismos. Usted cede a un impulso carnal si trata de exceder o aventajar a otro, pero vive en el Espíritu cuando lucha por recibir el más alto galardón de parte de Dios. Recordemos lo que el apóstol escribió en una de sus últimas epístolas: "prosigo hacia la meta para obtener el premio" (Filipenses 3:13-14), "pues miraba hacia el día futuro en que podría dar cuenta de lo que había hecho" (2 Corintios 5:9-10).

La alternativa llena de pesar no me atrae. No quiero llegar al cielo y oír que Dios dice: "Examinemos tu vida, Bruce. Déjame mostrarte lo que quise para ti y que traté repetidamente de hacer por medio de ti ... pero no me lo permitiste". ¡Qué farsa!

He observado que ganar honra casi siempre significa dejar atrás los objetivos mediocres y las posiciones cómodas. Pero en este caso tiene muy poco que ver con talento. Cuán alentador es encontrar que muy pocos supersantos figuran en la relación de aquellos a quienes Dios ha puesto en su cuadro de honor (Hebreos 11). En una gran mayoría son individuos comunes que, con facilidad, pasan inadvertidos entre la multitud, pero que tuvieron fe en un Dios extraordinario y milagroso y que se apartaron para dar un paso y obrar en esa fe.

Descubrieron una vida marcada por las bendiciones de Dios, la provisión sobrenatural y la dirección divina *en el momento preciso en que las necesitaban.*

LA MANO DE DIOS SOBRE MÍ AHORA

Pienso que la urgencia —"el ahora"— de servir a Dios es uno de los aspectos más emocionantes de vivir para el cuadro de honor de nuestro Señor. Usted comienza a ascender y a desarrollarse en el presente hasta alcanzar un grado que la mayoría de los cristianos nunca han pensado que es posible.

Piense al respecto: ¿Cómo sería su día si creyera que Dios desea que sus fronteras se extiendan en todo momento y con toda persona, y si tiene confianza en que la mano poderosa de Dios le guía incluso a medida que ministra?

¿Cómo sería su día si creyera que Dios desea que sus fronteras se extiendan en todo momento y con toda persona?

Durante los últimos cinco años he sometido esa creencia a pruebas muy específicas, y a menudo he visto resultados sorprendentes. Ruego al Señor que me conceda más ministerio; luego, ante el empuje suave del Espíritu Santo, inicio una conversación con alguien por medio de una simple pregunta: "¿Cómo le puedo ayudar?"

Permítanme dar un ejemplo:

Atravesaba la ciudad de Atlanta camino al aeropuerto para cumplir un compromiso importante, una conferencia en Carolina del Norte. Sin advertencia previa, el tráfico comenzó a volverse lento y luego se detuvo por completo. Un accidente muy grave había bloqueado todas las vías. Cuando me quedó claro que iba a perder el avión, oré: "Señor, por favor, haz que ese vuelo se atrase de modo que cuando llegue al aeropuerto, lo pueda tomar".

Cuando al fin pude llegar a donde despachaban a los pasajeros, observé muchas personas dispersas por todas partes. Con seguridad, el vuelo había sido demorado. Con humildad y gratitud me pregunté si también Dios tendría otra cosa en mente. Comencé a orar para que el Señor dispusiera un encuentro a fin de ministrar.

En el curso de unos pocos momentos, una dama de negocios, bien vestida, se acercó mientras acarreaba sus maletas. Cuando se unió al resto de nosotros que esperábamos el vuelo, noté que parecía confundida.

La mujer tomó aliento, luego se recostó contra la pared y empezó a hablar.

Con un movimiento de cabeza la saludé, y luego le pregunté:

—¿En qué le puedo ayudar?

—¿Cómo? —dijo, sin creer lo que oía.

Repetí mi oferta.

—Usted no me puede ayudar en nada —respondió amablemente pero con absoluta firmeza.

—Bueno, creo que sí puedo hacer algo por usted, pero no sé lo que es. En cambio, usted sí lo sabe. A propósito, mi nombre es Bruce —luego le sonreí y, con toda calma, le pregunté de nuevo—: Así, pues, ¿qué puedo hacer por usted?

Amigo, ¿alguna vez ha visto al Espíritu Santo que irrumpe a través de las barreras emocionales y espirituales precisamente delante de sus ojos? Es una experiencia que nunca olvidará. La mujer respiró hondo, después se apoyó en la pared y comenzó a expresarse:

—Bueno, vuelo a casa para divorciarme de mi esposo —dijo—. Por eso espero tomar este vuelo.

A medida que medito en el pasado, veo las huellas de Jabes y su pequeña oración.

Las lágrimas inundaron sus ojos. Le sugerí que fuésemos a un rincón más tranquilo en la sala de espera y le pedí al Señor que pusiera su protección alrededor y entre nosotros.

Se llamaba Sophie. Su traje, muy bien confeccionado y los accesorios de cuero italiano, escondían una persona quebrantada que huía de la desilusión y la desesperanza. El esposo le era infiel, además, la había herido en diversas maneras. Aunque quiso hacer las cosas bien, ahora estaba en el límite, pues tenía suficiente. Cuando llegara a su casa, sacaría los papeles de divorcio de su cartera.

La asistente de la puerta nos interrumpió.

—Asheville, ¿verdad? Van a perder el avión.

Fuimos los últimos en abordar el aparato. Ahora Sophie estaba inquieta porque nuestra conversación se había detenido y ella no había terminado.

—El Señor nos pondrá juntos —dije, sin creer mucho en la confianza que resonaba en mi voz.

—¿Qué quiere decir? —preguntó Sophie.

—Bueno, así como a Él no le costó ningún trabajo hacer la tierra, nos puede conseguir dos asientos juntos.

Pero cuando comparamos los pasajes, descubrimos que estábamos separados por cinco filas. Cuando llegamos a mi silla, el hombre que se sentaba en el puesto del medio, al pie de Sophie, y que nos oyó hablar se volvió y dijo:

—Aborrezco los puestos del centro. Cambiaré mi asiento con usted de modo que se puedan sentar juntos.

Sophie se hundió en la silla al lado mío, momentáneamente sin habla. Durante el vuelo conversamos acerca de sus opciones. Le compartí algunos principios bíblicos y diversas promesas. También oré por ella y cuando aterrizamos en Asheville, el perdón la quebrantó. Aún estaba dolorida, pero tenía paz y se mostró decidida a dar a su matrimonio el compromiso y ajuste que merecía.

Cuando recuerdo esta cita divina, puedo apreciar las huellas de Jabes y de su corta oración.

- Pedí y esperé la bendición de Dios *para el día*.
- Rogué por más territorio (más ministerio e influencias para el Señor) y di un paso adelante para recibirlo.
- Me apoyé transitoriamente, pero con toda confianza en el Espíritu Santo, para que guiara mis pensamientos, palabras y acciones con Sophie a fin de que obrara en el terreno sobrenatural y llevara a cabo todo lo que humanamente me es imposible hacer.
- Le supliqué a Dios guardarme del mal (o en este caso, hasta de la más leve insinuación impropia) que echara a perder la bendición que Él deseaba suministrar por medio de mis palabras.

Amigo mío, permítame estimularlo a buscar con todo denuedo el milagro. Nuestro Padre celestial conoce sus dones, sus carencias y las condiciones en que se encuentra en todos y cada uno de los momentos de su vida. Y también conoce algo que usted posiblemente no sabe, a toda persona que se halla en necesidad desesperada por recibir el toque divino *a través de usted mismo*. Dios le llevará a esa persona en el momento preciso y en las circunstancias adecuadas y perfectas.

Y, en ese instante, usted va a recibir el poder para ser su testigo.

EL CICLO DE LAS BENDICIONES

A medida que repita los pasos expuestos, pondrá en movimiento un ciclo de bendiciones que mantendrá y multiplicará todo cuanto Dios puede hacer en y por intermedio de usted. Este es el crecimiento ilimitado al que me referí cuando terminaba el capítulo anterior. Usted clama y recibe más bendición, más territorio, más poder y más protección. Pero la curva de crecimiento pronto empieza a elevarse pronunciadamente.

La curva de crecimiento empieza a mostrar una clara tendencia hacia arriba.

Usted no alcanza el nivel siguiente de bendición y se estaciona allí. Sino que principia de nuevo: *¡Señor, oh, si me bendijeras en verdad! ¡Oh Señor, por favor, te ruego que ensanches...!* Y así sucesivamente. A medida que el ciclo se repite, observará que se mueve con toda firmeza hacia esferas más amplias de bendición; como una espiral que se ensancha y sube a una vida más amplia para Dios.

Llegará el día —y se repetirá durante su vida— que estará tan abrumado con la gracia de Dios que aun correrán lágrimas por su rostro. Puedo recordar cuando le dije al Señor: "¡Es demasiado! ¡Haz retroceder algunas de tus bendiciones!" Si usted es como muchos que usan la oración de Jabes, incluido yo, vendrán tiempos a su vida en que se sienta tan bendecido que dejará de orar para pedir más favores y gracia, por lo menos durante un lapso.

La única cosa que puede romper este ciclo de vida abundante es el pecado. Nuestros pecados interrumpen el flujo del poder de Dios.

Pero le aseguro que ha de ver un vínculo directo: Sabrá, sin duda de ningún tipo, que Dios le ha abierto los depósitos de los cielos, simplemente *porque oró.*

Tendré que admitirlo: El ciclo de bendiciones ha de ser para su fe una buena prueba. Sin que importe lo que Dios determine, ¿va a permitirle que obre en su vida? Sabemos que siempre será para nosotros lo mejor. ¿Se rendirá al poder, amor y sorprendente plan que Él tiene para usted? Espero que elija hacer precisamente eso.

¡Porque entonces, tendrá la alegría de saber que Dios experimenta un placer y gozo profundos *en usted*!

Lo único que puede interrumpir este ciclo de vida abundante es el pecado, porque detiene el flujo del poder de Dios. Sería como si los cables de la corriente eléctrica de su casa, se dañaran y usted quedara aislado de los inmensos generadores de energía. Toda la increíble potencia de las turbinas del embalse se desperdiciaría mientras espera que se restaure la conexión.

Debería saber que cuando peca, después de gozar las bendiciones de Jabes, experimentará una pena y un dolor más profundos, por estar desconectado de Dios, de lo que jamás pensó. Es el dolor que viene después de haber disfrutado del regocijo de la obra de Dios en usted, en el nivel máximo de cumplimiento y desarrollo, para luego retroceder.

Le estimulo para que se apresure y regrese a la presencia de Dios, a fin de que haga las cosas bien, cueste lo que cueste. No disipe, no deseche, ni siquiera por un solo minuto lo que Dios ha comenzado en su vida. Todavía hay bienes indescriptibles delante de usted y de su familia.

7

Cómo Apropiarse De Jabes

Y Dios le concedió lo que pidió.

L e desafío a que haga parte de la experiencia diaria de su vida la oración de Jabes y sus bendiciones . A fin de plantearse este reto le sugiero que siga con toda firmeza y sin vacilar el plan que le diseño aquí para los siguientes treinta días. Al finalizar este período, va a notar cambios significativos en su existencia, y la oración estará en el camino de convertirse en un hábito lleno de tesoros que durará toda la vida.

1. Ore la oración de Jabes todas las mañanas y mantenga un registro de su súplica diaria mediante un calendario o un cuadro que hará especialmente con este propósito.

2. Escriba la oración y péguela en su Biblia, en su agenda, en el espejo del baño o en alguna otra parte que le recuerde su visión nueva.

3. Vuelva a leer este libro una vez por semana en el curso del próximo mes, y pídale a Dios que le muestre conceptos importantes que quizá haya pasado por alto.

4. Háblele a otra persona acerca de este compromiso o pacto con su nuevo hábito de oración y pídale que verifique los resultados.

5. Empiece a mantener un registro de los cambios en su vida, sobre todo de las citas divinas y las oportunidades nuevas que pueda relacionar directamente con la oración de Jabes.

6. Comience a pronunciar la oración de Jabes por su familia, sus amigos y su iglesia local.

Solo lo que usted cree sucederá y, por lo tanto, lo que hace, traerá un cambio en su vida.

Claro está que lo que usted sabe acerca de esta u otra oración, no le va a producir nada. Lo que sabe sobre liberación no le liberará de nada. Puede colgar la oración de Jabes en cada pared de todos los cuartos en su casa y nada va a pasar. Solo lo que usted cree sucederá y, por lo tanto, lo que hace será lo que suelte el poder de Dios para usted y originará un cambio en su vida.Pero cuando actúe, entrará a lo mejor de Dios para usted.

Soy una prueba viviente.

EL RESTO DE LA HISTORIA

En el primer capítulo de este libro relaté cómo la decisión de orar por una obra mayor para Dios le dio nueva dirección y calidad a mi vida. Permítanme ahora contar el resto de la historia.

Mi esposa y yo dimos nuestro primer paso para hacer

Las fronteras del Señor comprenden todo el mundo.

de la oración de Jabes un punto regular de nuestra jornada espiritual en aquella cocina amarilla, en Dallas, mientras una tormenta de Texas golpeaba los vidrios de las ventanas. Anhelábamos alcanzar más para producir y llegar a ser todo cuanto Dios pensaba para nosotros. Sin embargo, no sabíamos qué sucedería.

A medida que transcurren los años en el ministerio Caminata Bíblica, nuestras, una vez débiles, oraciones comenzaron a fortalecerse porque *¡el Señor nunca ha detenido sus respuestas!* Puedo recordar cuando teníamos veinticinco o treinta conferencias bíblicas anualmente. Este año Caminata Bíblica dirigirá más de dos mil quinientas, cincuenta cada fin de semana. En este momento, el ministerio publica diez revistas mensuales con el propósito de ayudar a los individuos y a sus familias a crecer y desarrollarse en la Palabra de Dios todos los días. Hace poco superamos la marca de cien millones de ejemplares publicados.

El objetivo de estas cifras no es impresionarlo. Comparto la historia porque es muy personal y, al menos para mí, una evidencia abrumadora de cuánto pueden hacer la gracia de Dios y la oración de Jabes.

Ahora, Dios ha ensanchado nuestra fe una vez más. Hace poco nos enccontramos haciendo una pregunta completamente distinta a: "Señor, te rogamos que ensanches nuestras fronteras", sino "Señor, ¿cuáles son tus fronteras? ¿Qué quieres hacer?"

Desde un punto de vista humano, esta clase de crecimiento es inexplicable.

Obviamente, los confines de Dios se extienden a toda la tierra. Con claridad absoluta, su voluntad total para nosotros consiste en que alcancemos el mundo, *¡ahora mismo!* En consecuencia, nuestro equipo de liderazgo empezó a plantearse cómo podríamos participar para que esto se cumpliera. Pronto decidimos interceder con la pequeña oración más grande que pudimos imaginar: *"¡Oh Dios, permítenos alcanzar todo el mundo para ti!"*

En enero de 1998, iniciamos WorldTeach [Enseñando al Mundo], engendrado en el vientre de la oración de

Jabes. WorldTeach es una emocionante visión a quince años, cuya meta consiste en establecer el mayor cuerpo de docentes para la enseñanza bíblica en toda la tierra —ciento veinte mil— un maestro de Biblia por cada cincuenta mil personas en el mundo. Mientras escribo esta sección final, estoy en la India con el objeto de enseñar a maestros de Biblia que vienen de seis naciones diferentes para llevar la Gran Comisión a toda aldea, ciudad y país.

Simplemente al considerar lo que acontece, le puedo asegurar que Dios aún responde a quienes tienen un corazón leal y oran la oración de Jabes. En su segundo año, WorldTeach ya está operando en veintitrés naciones —entre las que se incluyen Rusia, India, Sudáfrica, Ucrania y Singapur— y preparado a dos mil quinientos maestros. Nuestra meta para el tercer año comprende treinta y cinco países y cinco mil docentes. Y vamos delante de nuestros planes.

Un líder nacional de misiones me dijo que WorldTeach tuvo el lanzamiento más rápido de todos los ministerios cristianos en la historia.

Humanamente hablando, este tipo de desarrollo carece de explicación. Solo somos hombres débiles que buscamos estar limpios y completamente rendidos a nuestro Señor, que queremos lo que Él quiere para su mundo y que avanzamos confiados en su poder y protección para ver que suceda ahora mismo.

No sé cómo lo llamará usted, pero yo lo llamo: El milagro de Jabes.

REDIMIDOS PARA ESTO

He visto algo asombroso que pasa en personas como usted, que siempre pensaron que Dios responde las oraciones valientes. Cuando el más simple rayo de fe resplandece en su espíritu, la calidez de la verdad de Dios le saturan y usted en forma instintiva quiere clamar: "¡Oh Señor, por favor ... bendíceme!" Aprecio, en almas como la suya, un sentimiento creciente y una expectativa enorme por lo que ha de venir.

Porque siempre sucede algo. Su expectativa espiritual sufre un cambio radical, aunque podría resultar poco notable para alguien. Usted va a sentir una seguridad renovada en el poder y la realidad de sus oraciones porque sabe que ora conforme a la voluntad divina y para agradar a Dios. Percibe en lo más íntimo de su ser la rectitud de oraciones como esta. Usted sabe, sin duda alguna, que para esto lo redimió nuestro Señor: para pedirle a Él lo máximo en tamaño que tiene para usted; y pedirlo con todas las fuerzas de su corazón.

Únase a mí para obtener esa transformación. Cambiará su legado y llevará bendiciones sobrenaturales por dondequiera que vaya. Ahora mismo Dios liberará toda la potencia de su poder milagroso en su vida. Y para toda la eternidad, Él derramará sobre usted su honra y su deleite.

La oración de Jabes

Jabes invocó al Dios de Israel diciendo:
¡Oh, si en verdad me bendijeras,
ensancharas mi territorio,
y tu mano estuviera conmigo
y me guardaras del mal
para que no me causara dolor!
Y Dios le concedió lo que pidió

*Fecha:*_____

*Petición:*_____

_____

_____

_____

Fecha: _____

Respuesta: _____

*Fecha:*_____

*Petición:*_____

_____

_____

_____

Fecha: _____

Respuesta: _____

*Fecha:*_____

*Petición:*_____

_____

_____

_____

Fecha: _____

Respuesta: _____